1000+
Bulgarian
Conversation Starters

Improve your speaking and have more interesting conversations

JENNY GOLDMANN

EDITED BY
МАРИЯНА СТЕФАНОВА

BELLANOVA

MELBOURNE · SOFIA · BERLIN

1000+ Bulgarian Conversation Starters

www.bellanovabooks.com

Copyright © 2023 by Jenny Goldmann

ISBN: 978-619-264-129-0
Imprint: Bellanova Books

All rights reserved. No part of this book may be reproduced in any form by any electronic or mechanical means including photocopying, recording, or information storage and retrieval without permission in writing from the author.

Contents

About the author	6
Using this book	8
Family & relationships · Семейство & приятели	10
Hobbies & Interests · Хобита и интереси	13
Travel & Adventure · Пътувания и приключения	16
Food & Drink · Храна и напитки	19
Technology & Internet · Технологии и интернет	22
Work & Career · Работа и Кариера	25
Education & Learning · Образование и Учене	30
Music & Entertainment · Музика и Забавления	34
Art & Culture · Изкуство и култура	37
Sport · Спорт	40
Health & Fitness· Здраве и Фитнес	43
Fashion & Style · Мода и стил	46
History & Heritage · История и наследство	49

CONTENTS

Science · Наука	52
Politics & Government · Политика и правителство	55
Business & Finance · Бизнес и финанси	58
Bulgarian culture · българската култура	61
Climate Change & Environment · Климатичните промени и околната среда	64
Religion & Spirituality · Религия и духовност	67
Language · Език	70
Literature · Литература	73
Film & Television · Филм и телевизия	76
Beauty & Personal Care · Красота и лична грижа	79
Relationships & Dating · Връзки и запознанства	82
Self-improvement · Самоусъвършенстване	85
Parenting & Family Life · Родителство и семеен живот	88
Bulgarian cuisine · Българска кухня	91
Pets · Домашни любимци	94
Cars · Коли/Автомобили	97
Transport · Транспорт	100

Astronomy & Space · Астрономия и космос	103
Astrology · Астрология	106
Social Media · Социална медия	109
The Future · Бъдещето	112
Your childhood · Твоето детство	115
Wildlife & Nature · Дива природа и природа	118
Home and interior design · Дом и дизайн на интериора	121
Gaming & Virtual Reality · Игри и виртуална реалност	124
Bulgarian Destinations · Български дестинации	127
Popular culture · Популярна култура	130
Just for Fun · Просто за забавление	133

About the author

Hi! I am Jenny, a life-long language learner and writer living in Bulgaria. I now consider Bulgarian to be my second language, having worked incredibly hard to master this wonderful language. That's right—it's not easy! But, for me at least, being able to speak confidently on lots of different topics really was the turning point in my language journey.

Speaking spontaneously and at-ease is the hardest thing to master, but absolutely the most rewarding. While I was learning Bulgarian, one of the best things I did was have spontaneous conversations on lots of topics with my teacher. It meant we weren't just talking about the weather—we were talking about real and interesting topics. It helped immensely.

And now, I hope that this book can help you on your journey to being a confident Bulgarian speaker, too.

I have written questions that are designed to be challenging and to make you think, even in your own language. For many of the questions, you may need to do some research to be able to answer the questions. Try to do this research in Bulgarian, for an added challenge!

However you use this book, have fun and don't be afraid to step outside of your comfort zone. Don't have someone to talk to in Bulgarian? No worries! Simply talk to yourself. You may feel silly at first, but after a while you'll find it's really quite fun, and sometimes amusing.

So, here's to your Bulgarian learning journey!

Using this book

Using conversation starters is an excellent way to improve your Bulgarian speaking skills, and with over 1000 conversation starters in this book, you'll have plenty of opportunities to practice your language skills. Here are some tips on how to use conversation starters effectively to improve your Bulgarian speaking:

Start by choosing a topic that interests you. This will make it more engaging and enjoyable to practice speaking about it.

Read the question carefully and make sure you understand the vocabulary and grammar used in the question. If you don't understand something, use a dictionary or ask a teacher or language partner for help.

Practice speaking out loud. Don't be afraid to make mistakes, as this is part of the learning process.

Speaking out loud will help you improve your pronunciation and fluency, and will give you more confidence in your ability to speak Bulgarian.

Try to use new vocabulary and grammar structures in your responses. This will help you expand your knowledge of the language and become more comfortable using it in a variety of contexts.

You can also use the questions in this book as writing prompts. It's another great way to solidify new vocabulary and challenge yourself even further.

Don't be afraid to ask for feedback. If you're practicing with a teacher or language partner, ask them to correct your mistakes and offer suggestions for improvement. This will help you learn from your mistakes and become a more effective communicator in Bulgarian.

Use the conversation starters regularly. The more you practice, the more comfortable you'll become with the language, and the easier it will be to have fluent, natural conversations in Bulgarian.

Family & relationships · Семейство и приятели

1. Колко братя и сестри имаш? Има ли добри взаимоотношения с тях?
2. Имаш ли близки приятели, които ти се струват като част от семейството ти? Какво ги прави толкова специални за теб?
3. Кой член на твоето семейство те най-много вдъхновява и защо?
4. Каква е твоята любима активност, която правиш със своето семейство?
5. Как обикновено прекарваш времето си с най-близките си хора?
6. Каква е най-добрата съвет, който някой ти е дал за семейните взаимоотношения?

7. Как се чувстваш, когато прекарваш време с твоето семейство, и какво те прави щастлив/а в тази ситуация?
8. Кой е най-влиятелният член на семейството ти и защо?
9. Какви традиции има семейството ти, които обичаш?
10. Каква е най-приятната ти спомен със семейството ти?
11. Как обикновено прекарваш празниците със семейството си?
12. Мислиш ли, че взаимоотношенията в семейството са по-важни от приятелските?
13. Каква е най-ценната нещо, което си научил/а от родителите или баба и дядо?
14. Как се справяш с конфликтите в семейството си?
15. Какви качества оценяваш в партньор или съпруг?
16. Какво би искал/а да правиш с партньора или съпруга си?

17. Как се справяш с балансирането на личния си живот и отношенията си?
18. Какви са начините, по които показваш на любимите си хора, че ги обичаш?
19. Какви са твоите мечти за бъдещето на твоето семейство?
20. Каква е твоята любима дейност, която правиш заедно със семейството си?
21. Как изглежда твоят идеален партньор/ка?

Hobbies & Interests ·
Хобита и интереси

1. Какво е най-необичайното хоби, което си опитал/а и защо ти хареса?
2. Кои са най-интересните изложби, на които си бил/а, и какво ти хареса от тях?
3. Какъв вид спортове и игри обичаш да играеш с приятели и защо?
4. Кои са твоите любими блогове или YouTube канали и защо?
5. Какво те привлича в ученето на нови езици и защо?
6. Какъв е твоят любим начин за релаксация и защо те харесва да правиш това?
7. Кои са твоите любими изрази и цитати, които те мотивират да продължаваш напред и защо те вдъхновяват?
8. Свириш ли на музикален инструмент? Ако да, на кой/кои?

9. Има ли хоби или занимание, което винаги си искал/а да опиташ, но все още не си го направил/а?
10. Какво мислиш за спортовете на приключения?
11. Харесваш ли да ходиш на пеши преходи? Ако да, къде обичаш да ходиш?
12. Как изглежда твоят идеален уикенд?
13. Има ли спорт или занимание, което никога нямаш желание да опиташ?
14. Предпочиташ ли спортове на суша или на вода?
15. Има ли занимание или хоби, което си харесвал/а като дете, но вече не го правиш?
16. Интересуваш ли се от ръчни занаяти и DIY? Ако да, какво обичаш да правиш?
17. Харесваш ли да четеш? Ако да, какъв тип книги обичаш да четеш?
18. Какъв вид предавания обичаш да гледаш по телевизията?

19. Предпочиташ ли да гледаш телевизия или да използваш услуги за стрийминг като Netflix?
20. Кога последно ходи на кино? Какво гледа?
21. Ти някога си колекционирал/а нещо? Какво беше това?

Travel & Adventure · Пътувания и приключения

1. Кое е най-красивото място, на което си бил/а някога?
2. Какъв тип пътуване предпочиташ? Например, приключенски, релаксиращ или ски?
3. Кое място в България би искал/а най-много да посетиш и защо?
4. Предпочиташ ли планини или плажове? Защо?
5. Как се сравнява българската природа с тази в твоята родна страна?
6. С кого предпочиташ да пътуваш? Предпочиташ ли да пътуваш сам/а, със семейството си или с приятели?

7. Как предпочиташ да пътуваш? С кола, самолет или кораб?
8. Какво е твоето любимо място, на което си пътувал/а и защо?
9. Какви са твоите любими неща, които да правиш, докато пътуваш?
10. Как се чувстваш, когато пътуваш в ново място?
11. Какви са твоите любими начини за опознаване на нови хора и култури, докато пътуваш?
12. Каква е твоята любима част от процеса на пътуване - планирането, пътуването или престоят на място?
13. Какъв е най-голямият предизвикателство, с което си се сблъсквал/а, докато пътуваш?
14. Как се справяш с езиковите бариери, когато пътуваш в чужбина?
15. Каква е най-голямата ти мечта за пътуване?

TRAVEL & ADVENTURE · ПЪТУВАНИЯ И ПРИКЛЮЧЕНИЯ

16. Харесва ли ти да купуваш сувенири, когато посещаваш ново място?
17. Наслаждаваш ли се на посещение на градове или предпочиташ да бъдеш в природата?
18. Харесваш ли да ски или сноуборд? Посетил/а ли си някоя от българските ски курорти?
19. Къде прекара детството си на почивките? Имаш ли любим спомен?
20. Каква е най-дългата по продължителност почивка, на която си бил/а?
21. Какъв е най-добрият съвет, който си получил/а за пътуване и кой го даде?
22. Имаш ли някакви добри съвети за пътуване?

Food & Drink · Храна и напитки

1. Какви са най-вкусните храни, които си опитал/а и какво те прави специални?
2. Какви са твоите любими рецепти за готвене вкъщи? Сподели някои от твоите любими кулинарни трикове и техники.
3. Какви са твоите любими места за хранене в града, където живееш?
4. Каква е най-вкусната храна, която си опитал/а в чужбина?
5. Какво е най-доброто ястие, което си готвил/а някога?
6. Какви са твоите любими сезонни продукти и как ги готвиш?
7. Каква е твоята любима закуска и защо?
8. Каква е твоята любима кухня и защо?

9. Как се сравнява българската кухня с тази в твоята родна страна?
10. Имаш ли любими български ястия?
11. Какви са най-екзотичните храни, които си опитал/а по време на пътуванията си и какво мислиш за тях?
12. Да си опитал/а да готвиш ястие от рецепта на чужд език?
13. Предпочиташ ли да ядеш в ресторанти или да готвиш храната си, докато пътуваш?
14. Имаш ли някакви хранителни алергии или диетични ограничения?
15. Харесваш ли пикници? Ако да, имаш ли любимо място за пикник?
16. Харесваш ли барбекюто? Кое е твоето любимо ястие за готвене на барбекю?
17. Коя държава според теб има най-добрата храна?
18. Колко често излизаш да ядеш с приятелите си? Къде обикновено ходите?

19. Колко често избираш нови места за хранене и как ги откриваш?
20. Какво е твоето мнение за веган и вегетарианската кухня?
21. Колко важни са отзивите за теб, когато избираш нов ресторант?
22. Какво е твоето любимо безалкохолно напитка?
23. Какво е твоето любимо алкохолно напитка?
24. Каква е най-необичайната напитка, която си опитал/а?
25. Предпочиташ ли да пиеш топли или студени напитки?
26. Какви напитки ти харесва да консумираш по време на специални поводи или празници?

Technology & Internet ·
Технологии и интернет

1. Колко време прекарваш в Интернет всеки ден и мислиш ли, че е твърде много?
2. Предпочиташ ли да ходиш в молове или да пазаруваш онлайн?
3. Какво технологично устройство не можеш да живееш без?
4. Предпочиташ ли да използваш Windows или Mac? Защо?
5. Какво мислиш, че ще бъде най-важното технологично постижение в следващите десетилетия?
6. Какво е твоето мнение за изкуствен интелект?
7. Спомняш ли си първия път, когато използва те Интернет? Как беше различно от днес?

8. Харесваш ли да имаш най-новите технологии? Защо?
9. Какъв телефон имаш? Ако можеш да го смениш, кой ще избереш?
10. Колко е важна технологията за образованието?
11. Как използваш интернет, за да научиш нов език?
12. Как мислиш, че интернетът е променил начина, по който обществото комуникира?
13. Как можеш да се защитиш, докато си в интернет?
14. Харесваш ли да играеш онлайн игри?
15. Какво мислиш, че е бъдещето на онлайн пазаруването?
16. Какви са твоите любими социални мрежи и защо?
17. Какъв е твоят любим гаджет и защо?
18. Какво е твоето мнение за развитието на роботиката и как смяташ, че тя ще промени живота ни?

19. Какво е твоето мнение за автономните превозни средства и какво ще означават те за обществото?
20. Харесваш ли да четеш електронни книги? Какви са предимствата и недостатъците според теб?
21. Какво мислиш, че е бъдещето на самолетните пътувания?
22. Каква технология смяташ, че ще направи най-голямо впечатление в бъдеще?
23. Каква е най-голямата промяна, която технологията е донесла в твоя живот?
24. Каква е твоята любима технология, която може да подпомогне здравето и фитнеса ти?
25. Как мислиш, че технологията и интернетът ще променят начина, по който работим в бъдеще?

Work & Career · Работа и Кариера

1. Какво те накара да избереш настоящата си работа?
2. Как смяташ, че технологиите са променили начина на работа в последните години?
3. Мислиш ли, че традиционният работен ден от 9 до 5 става остарял?
4. Дали някога си бил/а дискриминиран/а на работното място? Ако да, как се справи?
5. Как поддържаш баланс между работата и личния си живот?
6. Какво те мотивира да даваш най-доброто от себе си на работа?
7. Предпочиташ ли да работиш самостоятелно или в екип?

8. Кои умения смяташ, че са най-важни за намиране на работа днес?
9. Дали си правил/а трудно решение във връзка с кариерата си? Как се справи?
10. Как смяташ, че социалните медии са повлияли над търсенето на работа и назначаването?
11. Какви смяташ, че са най-големите предизвикателства пред трудовата сила днес?
12. Колко важно смяташ, че е да имаш мрежа от контакти при търсене на работа?
13. Смяташ ли, че е необходимо да имаш университетско образование, за да успееш в кариерата си?
14. Коя е най-добрата работа, която си имал/а?
15. Как разбираш, че си избрал/а правилната кариера?
16. Мислиш ли, че ще работиш по същата работа след 10 години? Защо или защо не?

17. Как се справяш с голям работен натиск?
18. Какво смяташ, че е най-важното в твоята работа?
19. Мислиш ли, че е по-добре да имаш работа, която обичаш, или такава, която плаща добре?
20. Коя е най-лошата работа, която си имал/а?
21. Как се справяш с труден началник или колега?
22. Какъв съвет би дал/а на някой, който е на първата си работа?
23. Смяташ ли, че е важно да продължаваш да учиш нови неща в своята работа? Защо или защо не?
24. Какво е най-важното, което си научил/а от работата си?
25. Мислиш ли, че е по-добре да работиш за голяма или малка компания? Защо?
26. Как се справяш със стреса на работното място?

27. Смяташ ли, че е важно да имаш добра работна морала? Защо или защо не?
28. Какво е най-добрият начин да поискаш повишение?
29. Как се подготвяш за интервю за работа?
30. Какво е най-голямата грешка, която си направил/а на работа? Какво си научил/а от нея?
31. Как се справяш с неуспех в кариерата си?
32. Мислиш ли, че е важно да имаш ментор в кариерата си? Защо или защо не?
33. Какво е най-важното нещо, което си научил/а за себе си през кариерата си?
34. Как се задържаш мотивиран на работа?
35. Какви са най-важните неща, които трябва да се имат предвид при избор на кариера?
36. Как разбираш, че компанията е подходяща за теб?

37. Как се справяш с работа, която не ти харесва?
38. Какви са твоите кариерни цели за следващите 5 години?
39. Колко важно е да имаш добри взаимоотношения с колегите си?
40. Какъв е най-добрият кариерен съвет, който си получил/а?

Education & Learning · Образование и Учене

1. Какъв е твоят любим учебен предмет и защо?
2. Какво смяташ, че е най-важното, което можеш да научиш в живота?
3. Какви са твоите методи за учене и запомняне?
4. Как се справяш, когато имаш трудност в ученето?
5. Какво те мотивира да учиш нови неща?
6. Как смяташ, че технологиите са променили образованието и ученето?
7. Каква е най-добрата ти учебна паметка?
8. Какво смяташ, че е най-важното за успех в училище?
9. Какво смяташ, че е най-добрият начин да се научи нещо ново?

10. Какво е най-голямата трудност, с която си се сблъсквал/а в ученето си?
11. Колко важно е да имаш ментор или учител, който да те води през образованието ти?
12. Какъв е най-добрият ти съвет за тези, които започват училище?
13. Колко важно е да имаш образование, за да успееш в живота?
14. Какво е най-любопитното нещо, което си научил/а в училище?
15. Какво е най-важното, което си научил/а извън училището?
16. Какво смяташ, че е най-добрият начин да се научиш на нов език?
17. Какво е най-забавното нещо, което си направил/а по време на училище?
18. Как се справяш с трудните задачи по време на училище?
19. Как смяташ, че те е най-добре да се запомнят големи количества информация?

20. Каква е най-интересната книга, която си прочел/а за последно?
21. Какво е най-доброто образователно приложение, което си използвал/а?
22. Какво е най-важното, което си научил/а през последните години?
23. Каква е твоята любима форма на обучение: лекции, упражнения, проекти или нещо друго?
24. Как смяташ, че социалните медии могат да бъдат използвани за образователни цели?
25. Каква е твоята най-любима образователна игра или забавление?
26. Как се справяш със стреса по време на изпитите?
27. Какво смяташ, че е най-важното, което можеш да научиш от другите хора?
28. Как се подготвяш за изпитите?
29. Какъв е най-добрият учител, който си имал/а?

30. Каква е най-голямата грешка, която си направил/а в училище? Какво си научил/а от нея?
31. Как се справяш, когато трябва да научиш нещо, което не ти харесва?
32. Какво е най-доброто образователно съветче, което си получил/а?
33. Какви са най-добрите ти съвети за учене на български език?
34. Ако можеше да изучаваш който и да е предмет в университет, какъв би избрал/а?

Music & Entertainment · Музика и Забавления

1. Как музиката влияе на твоето настроение?
2. Коя е любимата ти песен и защо я обичаш?
3. Кой е любимият ти изпълнител или група?
4. Кое е най-якото концертно преживяване, на което си бил/а?
5. Коя е твоята любима музикална песен от детството ти?
6. Коя е твоята любима песен за танци или парти?
7. Как откриваш нова музика?
8. Кой е изпълнител, когото ти харесва, но малко хора знаят за него?
9. Коя е най-значимата песен за теб и защо?

10. Каква е твоята любима телевизионна музикална песен?
11. Коя е твоята любима песен за романтика?
12. Каква е твоята любима класическа музикална песен?
13. Какви са твоите любими филми и защо ги обичаш?
14. Кой е твоят любим актьор или актриса и защо?
15. Какво е твоето любимо телевизионно шоу и защо?
16. Какво мислиш за филмите, които се базират на реални истории?
17. Какви са твоите любими филми и защо ги обичаш?
18. Кой е твоят любим актьор или актриса и защо?
19. Какво е твоето любимо телевизионно шоу и защо?
20. Какво мислиш за филмите, които се базират на реални истории?

21. Какво е твоето любимо телевизионно риалити шоу?
22. Каква е твоята любима комедийна серия?
23. Харесваш ли да слушаш радио? Слушаш ли българските радиостанции?
24. Какво мислиш за подкастите? Имаш ли някакви любими?
25. Предпочиташ ли да гледаш филми в кино или у дома?
26. Ако можеш да видиш някой изпълнител на живо на концерт, кой ще бъде?
27. Как музиката те вдъхновява и мотивира в ежедневието ти?
28. Каква е твоята любима форма на забавление - да гледаш филми, да слушаш музика, да четеш книги или нещо друго?
29. Каква е твоята любима игра, която играеш в свободното си време?
30. Какво мислиш за спортните събития и концертите на живо? Харесваш ли да ходиш на такива събития?

Art & Culture ·
Изкуство и култура

1. Кое е най-интересното музейно изложение, на което си бил/а?
2. Кое е най-интересното фестивално или тържествено събитие, на което си бил/а?
3. Кое е най-красивата сграда, която си видял/а?
4. Играл/а ли си в пиеса или изпълнявал пред публика на сцена?
5. Кой е любимият ти автор и защо?
6. Какво значи изкуството за теб?
7. Вземал/а ли си курс по танци?
8. Какъв е любимият ти вид театрално представление?
9. Бил/а ли си на стендъп комедийно шоу? Хареса ли ти?
10. Какъв е любимият ти вид мода или стил на обличане?

11. Как мислиш, че изкуството може да ни помогне да разберем различни гледни точки и опити?
12. Каква е твоята любима пиеса или театрално представление, което си видял/а и защо?
13. Харесваш ли поезия? Защо или защо не?
14. Какво мислиш за хората, които плащат милиони долари за изкуство? Струва ли си?
15. Колко важно е изкуството в обществото?
16. Коя култура ти се струва най-интересна и защо?
17. Виждал/а ли си мюзикъл на живо? Ако да, къде?
18. Какво е твоето мнение за операта?
19. Предпочиташ ли да гледаш балетно представление или да отидеш на кино?
20. Колко важно е изкуството в твоя живот?
21. Кое е най-интересното изложение на изкуство, на което си бил/а?
22. Коя е твоята любима книга и защо?

23. Какво е най-интересното пътешествие, което си правил/а, свързано с изкуството и културата?
24. Каква е твоята любима форма на изкуство и защо?
25. Какво е твоето мнение за модерното изкуство?
26. Какво значи културното наследство за теб?

Sport · Спорт

1. Какви видове спортове те интересуват?
2. Как често се занимаваш със спорт?
3. Кой спорт е ти е любим и защо?
4. Какви са предимствата на спорта за здравето ти?
5. Кой спортен герой ти вдъхва най-голямо възхищение и защо?
6. Какви спортове те карат да се чувстваш най-жив и енергизиран?
7. Предпочиташ ли отборни или индивидуални спортове?
8. Колко важно е спортът за менталното здраве според теб /за теб/а?
9. Ходил/а ли си на живо на някой спортен мач? Какъв беше? Хареса ли ти?

10. Кои са най-известните спортни отбори в твоята страна?
11. Харесваш ли водни спортове? Ако да, кои?
12. Какво е твоето мнение за екстремните спортове? Например, катерене, бънджи скокове и др. Изпробвал/а ли си ги?
13. Подкрепяш ли някой спортен отбор? Колко страстно го подкрепяш?
14. Би ли пътувал/а зад граница, за да видиш как играе отборът ти?
15. Харесваш ли да гледаш Олимпийските игри? Кой е твоят любим спорт?
16. Кое спортно мероприятие на живо си гледала/л в последно време и какви впечатления ти остави?
17. Какъв е твоят любим начин да тренираш и защо?
18. Харесваш ли да играеш видео игри за спорт? Ако да, коя е твоята любима?
19. Какво мислиш за спортните състезания за деца? Дали са важни и полезни?

20. Предпочиташ ли да гледаш спорт по телевизията или на живо на стадион?
21. Кой е твоят любим спортен коментатор? Защо го харесваш?
22. Какво мислиш за спорта като начин да се сближат различни култури и народи?
23. Има ли спорт, който искаш да опиташ, но все още не си имала/л възможността?
24. Какъв е твоят любим спортен момент от всички времена и защо?
25. Каква роля играе спортът в твоя живот?

Health & Fitness·
Здраве и Фитнес

1. Какъв е любимият ти начин за поддържане на здравословен начин на живот?
2. Колко често тренираш и какви упражнения предпочиташ?
3. Какво е твоето мнение за здравословната храна и диетите?
4. Предпочиташ ли да тренираш в фитнес или на открито?
5. Какъв е твоят любим вид фитнес дейност - като йога, пилатес, зумба и т.н.?
6. Имаш ли някаква фитнес цел, която искаш да постигнеш?
7. Каква е твоята любима здравословна закуска?
8. Колко важно е да се отделя време за физически упражнения в ежедневието?

9. Какви са твоите любими начини за отпускане след тренировка?
10. Каква е твоята любима форма на релаксация, която е свързана с физическа активност?
11. Имаш ли личен треньор или си тренираш самостоятелно?
12. Каква е Какво е твоето мнение за здравословното хранене?
13. Какъв е любимият ти начин за отслабване?
14. Какви са твоите любими храни за здравословна закуска?
15. Колко често тренираш седмично?
16. Избягваш ли определени храни или добавки?
17. Практикуваш ли йога или медитация?
18. Какъв е твоят любим вид кардио тренировка?
19. Предпочиташ ли тренировките с тежести или с тегло на тялото?

20. Какъв е твоят любим начин за разтягане след тренировка?
21. Колко часа сън си спиш на нощ?
22. Какъв е твоят любим вид спортна екипировка?
23. Предпочиташ ли да тренираш с приятел или сам?
24. Какъв е твоят любим начин за отпускане след тренировка?
25. Колко важно е да пием много вода всеки ден?
26. Какво е твоето мнение за спортните добавки?
27. Доволен/а ли си от диетата си? Има ли неща, които мислиш, че трябва да подобриш?
28. Което е едно нездравословно хранене, без което не можеш да живееш?
29. Колко важна е диетата като част от здравословен начин на живот?

Fashion & Style · Мода и стил

1. Кое е любимото ти дреха в гардероба ти?
2. Какво облекло носиш, когато искаш да се почувстваш уверена?
3. Предпочиташ ли да се обличаш по-елегантно или по-спортно?
4. Предпочиташ ли да пазаруваш онлайн или на място?
5. Какъв е любимият ти моден тренд в момента? И защо?
6. Какъв е моден тренд, който не разбираш?
7. Какъв е любимият ти тип обувки за носене?
8. Предпочиташ ли да носиш ярки цветове или неутрални тонове?
9. Каква е твоята позиция за носенето на кожа или косъм?

10. Коя е любимата ти модна списание или уебсайт?
11. Какво мислиш за българската мода? Различна ли е от тази в твоята родна страна?
12. Какво мислиш за втора употреба дрехи? Харесваш ли да ги купуваш?
13. Колко често купуваш нови дрехи?
14. Ако отидеш на парти, какво облекло харесваш да носиш? Опиши го.
15. Следваш ли модните тенденции? Защо или защо не?
16. Как би описала своя личен стил?
17. Посетила ли си някога модно шоу? Ако не, би ли искала?
18. Какво мислиш, каква ще бъде модната тенденция след 5 години? 10 години?
19. Коя е най-необичайната дреха, която притежаваш?
20. По твое мнение, как се е променила модата през годините?

21. Как изразяваш своята индивидуалност чрез избора на дрехите си?
22. Как се чувстваш, когато носиш любимото си облекло?
23. Какво е най-запомнящото се облекло, което си носил/а и защо?
24. Как използваш дрехите, за да изразиш настроението или емоциите си?
25. Как дрехите ти влияят на самочувствието ти?
26. Каква е твоята любима марка за дрехи?
27. Какво мислиш за модните инфлуенсъри и техния влияние върху модата?
28. Какво облекло предпочиташ да носиш, когато работиш у дома?
29. Какъв е любимият ти аксесоар за носене?

History & Heritage · История и наследство

1. По твое мнение, което е най-интересното историческо период и защо?
2. Как историята е влияела върху съвременното общество?
3. Кое е най-интересното историческо събитие, което си учил/а?
4. Какви мислиш, че са ползите от изучаването на историята?
5. Кой е твоят любим исторически лик и защо?
6. Как историята е формирала различни култури и традиции?
7. Как войната е оказала влияние върху историята?
8. Как модата се е променила през историята?

9. По твое мнение, което историческо събитие има най-голямо въздействие върху света?
10. Каква е твоята мнение за ролята на музеите и архивите в опазването и споделянето на историята?
11. По твое мнение, кои са най-важните уроци, които можем да научим от изучаването на историята?
12. Каква е твоята мнение за ролята на историческата фикция при обучението на хората за историята?
13. Кое историческо събитие или личност те впечатли най-много и защо?
14. Колко знаеш за историята на България? Интересуваш ли се от учене на повече?
15. Намираш ли интересни теориите за исторически заговори? Коя е най-интересната, която си чул/а?
16. Харесваш ли да гледаш исторически документални филми? Кои си гледал/а наскоро?

17. Как според теб музеите могат да образоват най-добре за историята и културата?
18. Кой е твоят любим музей и защо?
19. Кое събитие е най-важно в историята на твоята страна, според теб?
20. Ако можеше да пътуваш в миналото, в коя епоха би искал да посетиш и защо?
21. Какво е най-вълнуващото, което си научил/а за историята на някоя друга страна или култура?

Science · Наука

1. Какво смяташ, че е най-важното научно откритие за цялото време?
2. Мислиш ли, че науката е направила живота ни по-добър или по-лош? Защо?
3. Кое научно тема те впечатлява най-много и защо?
4. Как смяташ, че науката и технологиите ще продължат да се развиват в следващото десетилетие?
5. Мислиш ли, че ползите от научните изследвания оправдават рисковете, свързани с тях?
6. Как смяташ, че науката може най-добре да се справи с някои от най-големите проблеми в света, като климатичните промени?

7. Какво мислиш за противоречията между науката и религията?
8. Какви са твоите мнения за етичните въпроси, свързани с научните изследвания, като клонирането и генните технологии?
9. Какво мислиш за развитието на изкуствения интелект и какви последици може да има в бъдеще?
10. Какво мислиш за теорията на големия взрив? Вярваш ли в нея?
11. Какво мислиш за теорията на еволюцията на Дарвин? Вярваш ли в нея?
12. Какво мислиш за изследванията на космоса и как могат да ни помогнат да разберем повече за света около нас?
13. Какви са твоите мнения за теорията на струните и какво може да означава тя за нашето разбиране на света?
14. Какво мислиш за влиянието на науката върху нашите ежедневни животи?

15. Какви са твоите мнения за глобалното затопляне и какви мерки смяташ, че трябва да бъдат предприети, за да се спре?
16. Какво мислиш за бъдещето на космическите пътешествия и космическото заселване?
17. Какви са твоите мнения за генната модификация на хранителните продукти?
18. Ако можеше да живееш на Марс, щеше ли да го направиш?
19. Харесваш ли да пътуваш в космоса?
20. Какви научни открития са били направени в твоята страна?
21. Какво е твоето мнение за научните изследвания върху космическия туризъм и колонизацията на други планети?

Politics & Government ·
Политика и правителство

1. Какво е мнението ти за настоящата политическа обстановка в твоята страна?
2. Идентифицираш ли се с определена политическа партия или идеология?
3. Какво мислиш за ролята на социалните мрежи в политиката?
4. Вярваш ли, че политиците са достоверни?
5. Как смяташ, че твоята страна може да подобри политическата си система?
6. Какво мислиш за политическата коректност?
7. Колко важно е да бъдем информирани за политически въпроси?
8. Мислиш ли, че младите хора трябва да бъдат по-активни в политиката?
9. Какви са твоите мнения за концепцията на демокрацията?

POLITICS & GOVERNMENT · ПОЛИТИКА И ПРАВИТЕЛСТВО

10. Мислиш ли, че медиите имат отговорност да докладват за политически въпроси обективно?
11. Какво мислиш за ролята на религията в политиката?
12. Колко важно е гласуването в демократично общество?
13. Как смяташ, че правителството може да помогне повече на нуждаещите се?
14. Какво мислиш за протестите като форма на политическо изразяване?
15. Как можем да стимулираме повече млади хора да се включат в политиката?
16. Мислиш ли, че знаменитостите трябва да говорят за политиката?
17. Харесва ли ти да се включваш в политиката?"
18. Знаеш ли кой е текущият президент на България?
19. Какво мнение имаш за ролята на младите хора в политиката?

20. Каква е твоята позиция по отношение на мигрантската криза и имиграцията?
21. Какво мнение имаш за правата на ЛГБТ общността и равнопоставеността на половете в твоята страна?
22. Какво мнение имаш за капитализма и социализма като икономически системи?
23. Какво мнение имаш за национализма и патриотизма като идеологии?

Business & Finance ·
Бизнес и финанси

1. Мислиш ли, че си добър в спестяванията?
2. Интересуваш ли се от инвестиции? Какви инвестиции имаш?
3. Има ли мнение за криптовалутите?
4. Мислиш ли, че трябва да има една глобална валута?
5. Какво мислиш за България да сменя валутата си на евро?
6. Какво мислиш за предимствата и недостатъците на кредитните карти?
7. Какви са твоите съвети за спестяване на пари?
8. Как планираш за пенсията си?
9. Какви са някои важни неща за разглеждане при започване на бизнес?
10. Би ли искал/а да започнеш свой собствен бизнес? Какъв бизнес би бил?

11. Как мислиш, че технологиите променят начина, по който водим бизнес?
12. Какви са важните умения за успешен собственик на бизнес?
13. Какви са добрите начини за пестене на пари, без да жертвате качеството на живота си?
14. Как да балансирате работата и личния живот ефективно?
15. В кои индустрии мислиш, че ще настъпят по-големи промени през следващите 10 години?
16. Как мислиш, че нарастването на технологиите ще повлияе върху пазара на труда?
17. Колко важно мислиш, че е да имаш спестени пари за извънредни ситуации?
18. Какво финансово съвет щеше да дадеш на някой, който е начинаещ в кариерата си?
19. Използваш ли някакви приложения, за да ти помогнат да следиш разходите си?

20. Какви са предимствата и недостатъците на парите в брой?
21. Мислиш ли, че криптовалутите са бъдещето на парите?
22. Предпочиташ ли да работиш от вкъщи или в офиса?
23. Мислиш ли, че ще бъде забавно да работиш за технологична стартъп компания?
24. Каква е най-интересната бизнес идея, която си чул/а или видял/а наскоро?
25. Има ли някой предприемач, когото почиташ? Защо?

Bulgarian culture ·
българската култура

1. Какво е твоето любимо българско празненство и защо?
2. Какви са традиционните български костюми и къде могат да се видят?
3. Каква е твоята любима българска народна танцова?
4. Какво мислиш за българските фолклорни музика и танци?
5. Дали си опитвал/а българско крафтово бира или вино?
6. Какво е твоето любимо българско ястие?
7. Каква е традицията за Мартениците и защо е толкова важна?
8. Как се отбелязва Коледа в България?

9. Дали си посетил/а някой от българските музеи, като Националния музей на българската история или Националния художествен галерия?
10. Ти си запознат/а с някои традиционни български занаяти? Къде си ги видял/а?
11. Дали знаеш за българските фестивали като Балканфолк в Пловдив или Софийски музикални седмици?
12. Каква е традицията за Баба Марта и какво означава?
13. Дали си гледал/а български филм, като "Другото момиче" или "Балканският рали крос"?
14. Каква е традицията на сватбите в България?
15. Дали си чел/а книги на български автори, като Иван Вазов или Елин Пелин?
16. Каква е традицията за Българската народна музикална телевизия "Фен ТВ"?
17. Дали си опитвал/а ръчно изработени български козунаци или баници?

18. Каква е традицията за "Сурва" и "Кукери"?
19. Какви са твоите любими забележителности или туристически атракции в България?
20. Кои са най-популярните български традиции, които трябва да опиташ да изживееш?
21. Какъв е традиционният начин за приготвяне на българската шопска салата и какви са нейните основни съставки?

Climate Change & Environment · Климатичните промени и околната среда

1. Какво мислиш, че е най-големият екологичен проблем, пред който е изправен светът днес?
2. Колко често рециклираш?
3. Опитваш ли се да намалиш своят въглероден отпечатък? Ако да, как?
4. Вярваш ли в изменението на климата? Защо или защо не?
5. Какви мерки мислиш, че може да предприемат отделните хора, за да помогнат за борбата с изменението на климата?
6. Участвал/а ли си някога в протест или демонстрация за защита на околната среда?
7. Какво мислиш за електрическите автомобили? Би ли си купил/а такъв?

8. Подкрепяш ли използването на възобновяема енергия? Защо или защо не?
9. Как мислиш, че изменението на климата ще повлияе върху ежедневието ти в бъдеще?
10. Какво мислиш, че правителството трябва да прави, за да се справи с изменението на климата?
11. Правил/а ли си промени в начина си на живот, за да бъдеш по-екологичен?
12. Какви неща могат да направят бизнесите, за да бъдат по-екологични?
13. Мислиш ли, че хранителната индустрия има отговорност да намали въздействието си върху околната среда?
14. Какво мислиш за използването на пластмасови торби и сламки? Трябва ли да бъдат забранени?
15. Какво мислиш за различните видове на възобновяема енергия? Кой от тях е най-добрият за нашата планета?

16. Каква е твоята позиция по отношение на ядрената енергия като алтернатива на изкопаемите горива?
17. Какво можеш да направиш, за да защитиш местната дивеч и животни среди?
18. Как можем да насърчим повече хора да използват обществен транспорт вместо да шофират коли?
19. Какви са някои прости промени, които можеш да направиш в ежедневието си, за да бъдеш по-екологично осведомен?
20. Какво мнение имаш за ролята, която зоопарците играят в запазването на застрашените животински видове?
21. Как можем да насърчим повече хора да се включат в защитата на околната среда и дивата природа?

Religion & Spirituality ·
Религия и духовност

1. Каква е твоята лична система на вярвания?
2. Вярваш ли в живот след смъртта?
3. Кой е най-важният религиозен празник в твоята страна?
4. Как мислиш, че религията е влияела върху обществото през историята?
5. Посетил ли си религиозна служба на различна вяра?
6. Какво мислиш, че е целта на религията?
7. Мислиш ли, че религията може да събира хора или да ги разделя?
8. Пътувал/а ли си на паломничество?
9. Вярваш ли, че хората могат да бъдат духовни, без да следват конкретна религия?

RELIGION & SPIRITUALITY · РЕЛИГИЯ И ДУХОВНОСТ

10. Как мислиш, че религията и науката могат да съществуват заедно?
11. Мислиш ли, че религиозните лидери следва да имат роля в политиката?
12. Кое е най-красивото религиозно сграда в света?
13. Каква е разликата между духовност и религия?
14. Кое е най-интересното религиозно обряд, който си видял или в който си участвал/а?
15. Какво е значение на молитвата в религията ти?
16. Вярваш ли в съдбата или в свободната воля?
17. Как твоите религиозни или духовни убеждения са влияели върху твоя живот?
18. Какво мислиш, че се случва след смъртта ни?
19. Каква е ролята на прошката в религията ти?

20. Мислиш ли, че е важно да принадлежиш към религиозна общност? Защо или защо не?
21. Вярваш ли в концепцията за по-висока сила или Бог?
22. Ти практикуваш медитация ли? Ако да, какви ползи си извлече?
23. Вярваш ли в силата на молитвата? Защо или защо не?
24. Дали си опитвал някакви алтернативни методи за лечение, като Рейки или иглопробивна терапия? Какво беше твоето изживяване?
25. Вярваш ли в карма? Как влияе тя върху живота ти?
26. Имаш ли някакви духовни или религиозни обряди, които практикуваш редовно?

Language · Език

1. Колко езика говориш?
2. Кой беше първият чужд език, който научи и защо?
3. Мислиш ли, че е важно да се учат други езици? Защо или защо не?
4. Някога ли си трябвал да използваш чужд език в реална ситуация? Как беше?
5. Кой език мислиш, че е най-труден за научаване и защо?
6. Предпочиташ ли да учиш език в класна стая или чрез самостоятелно изучаване?
7. Използвал/а ли си приложения или уебсайтове за учене на езици? Кои препоръчваш?
8. Как мислиш, че е най-добре да се учи език?

9. Пътувал/а ли си в чужбина и си трябвал да се комуникираш на местния език? Как беше?
10. Кой език би искал/а да научиш следващия път и защо?
11. Как мислиш, че научаването на нов език може да ти бъде полезно?
12. Мислиш ли, че езикът и културата са тясно свързани? Защо или защо не?
13. Колко е важно да се запазват застрашени езици?
14. Мислиш ли, че е необходимо да говориш местния език, когато пътуваш в чужбина?
15. Как мислиш, че технологията е повлияла върху ученето на езици?
16. Мислиш ли, че е важно да се научи културата на един език, докато се учи самият език?
17. Кой език според теб има най-красив звук?
18. Какви трудности срещаш при ученето на български език?

19. Кои методи за учене на български език ти се струват най-ефективни?
20. Какво те вдъхновява да продължаваш да учиш български език?
21. Има ли някой български думи или изрази, които ти са трудни да изговориш или разбереш?
22. Колко е важно да се говори български език в България?
23. Какво те мотивира да учиш нов език?

Literature · Литература

1. Кое е любимата ти книга и защо?
2. Предпочиташ ли да четеш физически книги или електронни?
3. Кой е любимият ти автор и коя е любимата ти книга от него/нея?
4. Написал/а ли си книга или история?
5. Какво според теб прави книга добра?
6. Предпочиташ ли художествени или фактологични книги?
7. Кое е твоето любимо литературно жанрове?
8. Имаш ли любима поезия или поет?
9. Какво мислиш за самопубликуването?
10. Посетил/а ли си четене на книга или среща с автор?

11. Мислиш ли, че книгите все още са важни в дигиталната ера?
12. Предпочиташ ли да четеш книги на родния си език или на друг език?
13. Чете ли някога книга, която променя живота ти? Коя е тя?
14. Каква е последната книга, която прочете? Хареса ли ти?
15. Мислиш ли, че четенето на книги може да помогне за подобряване на писателските ти умения?
16. Предпочиташ ли да четеш къси или дълги книги?
17. Какво е твоето мнение за тенденцията да се правят филми или телевизионни сериали на популярни книги?
18. Кой според теб е най-влиятелният писател през всички времена и защо?
19. Предпочиташ ли да пишеш на ръка или на компютър?
20. Харесваш ли да пишеш поезия?

21. Ти някога си чел/а книга на български език?
22. Какво е най-дългото време, което си прекарал/а четейки една книга?
23. Какво мислиш за аудио книгите? Предпочиташ ли да ги слушаш или да ги четеш?
24. Какво мислиш за четенето на книги за саморазвитие? Харесваш ли да ги четеш?
25. Кой телевизионен сериал или филм, базиран на книга, е любимият ти?
26. Как мислиш, че книгите могат да влияят на твоята личност?
27. Какви са някои от твоите любими детски книги?

Film & Television · Филм и телевизия

1. Кой е твоят любим филм или телевизионен сериал и защо?
2. Кой е любимият ти герой или героиня от филми или телевизионни сериали?
3. Какво мнение имаш за телевизионните сериали, които продължават много сезони?
4. Има ли някой филм, който си гледал/а повече от веднъж?
5. Кой актьор или актриса ти харесва най-много и защо?
6. Какво мнение имаш за българските филми и телевизионни сериали?
7. Гледаш ли често телевизия? Какви предпочиташ програми?

8. Какво мнение имаш за филмите или сериалите, базирани на книги?
9. Какво мнение имаш за ремейките на стари филми и сериали?
10. Какво мнение имаш за телевизионните риалити програми?
11. Какво мислиш за нарастващата популярност на стрийминг услугите?
12. Често ли ходиш на кино?
13. Имаш ли някога желание да бъдеш актьор/актриса?
14. Каква е твоята любима телевизионна реклама на всички времена?
15. Имаш ли любим телевизионен водещ?
16. Имаш ли любима филмова реплика?
17. Какъв е най-страшният филм, който си гледал/а?
18. Какво мислиш, че е най-важният аспект на добър филм или сериал?
19. Какво е твоето мнение за използването на компютърни графики във филмите?

20. Какво е твоето мнение за филмите за супергерои?
21. Ти харесват ли да гледаш документални филми? Кой е твоят любим и защо?
22. Кой е филм или телевизионен сериал, който първоначално не ти хареса, но по-късно го оцени и защо?
23. Ако можеш да избереш който и да е измислен герой от филм или телевизионен сериал, който да бъде твоят най-добър приятел, кой би избрал и защо?
24. Мислиш ли, че е важно филмите и телевизионните сериали да засягат социални въпроси и защо или защо не?
25. Ако можеш да пренесеш в реалния свят всяко измислено кино или телевизионно свят, кой би бил той и защо?

Beauty & Personal Care ·
Красота и лична грижа

1. Колко важно е да се грижим за кожата си за теб?
2. Кои са любимите ти козметични продукти и защо?
3. Колко често миеш косата си?
4. Какъв е твоят красотен рутинен сутрешен режим?
5. Носиш ли грим? Защо или защо не?
6. Кой е любимият ти парфюм или аромат?
7. Какво мислиш, че е най-важният аспект на личната грижа?
8. Предпочиташ ли естествени или синтетични козметични продукти?
9. Как мислиш, че социалните медии влияят върху възприятието за красота?
10. Как се грижиш за ноктите си?

11. Какво е твоето мнение за козметичните процедури като ботокс и подобни?
12. Какъв е любимият ти хак за грижа за кожата?
13. Имаш ли характерен вид или стил?
14. Каква е любимата ти дейност за грижа за себе си?
15. Кой е любимият ти продукт за грижа за косата?
16. Как е променен стила ти от детството насам?
17. Колко често подстригваш косата си?
18. Имаш ли някакви ритуали или практики за красота?
19. Как поддържаш здрави зъби и венци?
20. Използваш ли някакви козметични добавки?
21. Какъв е любимият ти козметичен тренд?
22. Какво мислиш за витаминните добавки? Струват ли си?
23. Колко често посещавате фризьора?

24. Използвате ли слънцезащитен крем редовно?
25. Да си опитвал/а някога естествени средства за грижа за кожата или красота? Работеха ли за теб?
26. Посетил/а ли си някой горещ минерален басейн в България? Харесал/а ли го?
27. Какво е твоето мнение за мъжката козметика и какъв е твоят любим козметичен продукт за мъже?
28. Имаш ли брада и каква е твоята рутина за грижа за нея? Какви са любимите ти продукти за грижа за брадата?

Relationships & Dating · Връзки и запознанства

1. Какво е твоето мнение за онлайн запознанства?
2. Какво е най-важното за теб в една връзка?
3. Има ли определен тип хора, към които се чувстваш привлечен/а?
4. Какви качества търсиш в една партньорка/партньор?
5. Какво е твоето мнение за отношенията на разстояние?
6. Какви неща смяташ, че са важни за успешна връзка?
7. Какво е най-голямото предизвикателство в една връзка, според теб?
8. Има ли определена възраст, която би определил/а за своята половинка?

9. Какво е твоето мнение за датите на сваляне?
10. Какво е твоето мнение за брака?
11. Какви са твоите най-любими неща, които правиш с партньора си?
12. Как се чувстваш за любовта и романтиката?
13. Каква е твоята политика за запазване на пространство в една връзка?
14. Как се чувстваш, когато си влюбен/а?
15. Какво е най-забавното, което си правил/а на първо свидание?
16. Какво е най-неловкото, което си правил/а на първо свидание?
17. Колко е важна физическата привлекателност за теб в една връзка?
18. Какво е твоето мнение за половете да плащат на първото свидание?
19. Какво е твоето мнение за това да бъдеш приятел с бившия/бившата си?
20. Как си представяш идеалния сватбен ден?

21. Как си представяш идеалния меден месец?
22. Как се отнасяш към публичното показване на привързаност?
23. Каква е твоята любима романтична комедия?
24. Колко време е необходимо, преди да споделиш лични неща с новия си партньор?
25. Какво е най-голямото изненадващо нещо, което си научил/а за някой, с когото си бил/а на първо свидание?
26. Как се чувстваш за това да имаш отношения с някого, който има деца от предишна връзка?
27. Как си мислиш, че би трябвало да се разрешават конфликтите в една връзка?

Self-improvement ·
Самоусъвършенстване

1. Какво обикновено правиш, за да се почувстваш по-добре?
2. Какво правиш, когато се чувстваш нервен или стресиран?
3. Какъв е твоят метод за постигане на цели?
4. Има ли нещо, което искаш да научиш или усъвършенстваш?
5. Каква е твоята главна цел в живота и как я преследваш?
6. Как се справяш с отхвърлянето или провала?
7. Какво е най-голямото предизвикателство, което си поставил/а за себе си?
8. Какво правиш, за да се научиш да прощаваш?

SELF-IMPROVEMENT · САМОУСЪВЪРШЕНСТВАНЕ

9. Какво е най-голямото урок, който си научил/а в живота си?
10. Какви са твоите любими книги или личности за вдъхновение?
11. Какво мислиш за позитивните афирмации? Използваш ли ги?
12. Какво те мотивира да променяш нещо в себе си?
13. Какво е най-голямото предизвикателство, което си поставил/а за себе си?
14. Какви умения и знания би искал/а да придобиеш в бъдеще?
15. Използваш ли техники за управление на времето? Кои са те?
16. Какви са твоите три най-големи силни страни?
17. Какви са твоите три най-големи слабости?
18. Какво те вълнува най-много в живота?
19. Какво те прави щастлив/а?

20. Какво те кара да избягваш или да отлагаш нещата, които трябва да направиш?
21. Какви умения и знания би искал/а да предадеш на бъдещите поколения?
22. Какво е най-голямата ти мечта? Какво правиш, за да я постигнеш?
23. Какво те кара да се чувстваш нервен/а или тревожен/на? Как се справяш с тези емоции?
24. Имаш ли някакви ежедневни навици или рутини, които ти помагат да се подобряваш?
25. Вярваш ли в силата на медитацията? Опитвал/а ли си я някога?

Parenting & Family Life · Родителство и семеен живот

1. Какво мислиш за кариерата и родителството? Има ли начин да съчетаеш двете?
2. Дали си мислил/а някога да станеш родител? Защо или защо не?
3. Каква е твоята роля в семейството? Изпълняваш ли определена роля или си мулти-таскър?
4. Какво е най-важното нещо, което искаш да научиш, когато станеш родител?
5. Какво е твоето мнение за дисциплината на децата? Какво е подходящия начин за дисциплиниране на детето?
6. Какво е най-трудното нещо, свързано с родителството, според теб?

7. Каква е твоята любима дейност за прекарване на времето с твоите деца?
8. Дали смяташ, че децата трябва да имат граници? Какви биха били тези граници?
9. Какво мислиш за използването на награди и наказания в дисциплинирането на децата?
10. Какво е най-важното, което искаш да научиш от своите родители?
11. Как се справяш с конфликтите между теб и твоето дете?
12. Какво е най-трудното нещо при възпитанието на деца в днешно време?
13. Какво е най-трудното нещо, с което си се сблъсквал/а като родител/ка?
14. Дали има някой родителски умения, с които се чувствате несигурен/на?
15. Какво е твоето мнение за използването на технологии в родителството?

16. Дали си притежавал/а устройство за мониторинг на детето си, като например детектор на дребни движения или камера за наблюдение?
17. Какво мислиш за онлайн образованието за деца? Вярваш ли, че е ефективно?
18. Дали смяташ, че родителите трябва да контролират поведението на децата си в интернет или да им позволяват да имат повече свобода?
19. Дали смятате, че родителите трябва да бъдат приятели на техните деца или трябва да има ясна граница между родител и приятел?
20. На каква възраст мислиш, че децата трябва да започнат да използват социалните мрежи?
21. На каква възраст мислиш, че е подходящо дете да има мобилен телефон?

Bulgarian cuisine · Българска кухня

1. Какво е твоето любимо българско ястие?
2. Дали си опитвал/а българска кухня преди?
3. Какво мислиш ти, че прави българската кухня уникална?
4. Има ли някое българско ястие, което ти харесва и го намираш особено необикновено или интересно?
5. Дали си готвил/а някое българско ястие? Ако да, което?
6. Какви са обичайните съставки в българската кухня?
7. Мислиш ли, че българската кухня е недооценена?
8. Какво е твоето мнение за българското вино?

9. Какъв е популярният десерт в българската кухня?
10. Какво е най-популярният алкохолен напитка в България?
11. Какво мислиш ти, че отличава българската кухня от другите балкански кухни?
12. Дали си посетил/а български ресторант извън България?
13. Какъв е твоето любимо българско сирене?
14. Какви са традиционните български закуски?
15. Каква е разликата между баница и тутманик?
16. Дали си опитвал/а българска ракия?
17. Какви са някои традиционни български ястия, които бих препоръчал/а на някого, който никога не е опитвал българска кухня?
18. Каква е разликата между българската кухня и други кухни, които си опитвал/а?

19. Дали си участвал/а някога в традиционен български празник, където храната е голяма част от тържеството?
20. Дали си опитвал/а баница или таратор? Какво мислиш ти за тях?
21. Какво мнение имаш за традиционните български зеленчукови ястия като сарми или кавърма?
22. Какви са традиционните български салати и кои са твоите любими?
23. Каква е разликата между българския шопска салат и гръцкия салат?

Pets ·
Домашни любимци

1. Какво мислиш за кучетата като домашни любимци?
2. Дали си имал/а някога куче?
3. Какви са някои предимства и недостатъци на домашните котки?
4. Има ли някакъв домашен любимец, който искаш да имаш, но все още нямаш?
5. Дали смяташ, че рибите са добър домашен любимец?
6. Какво мислиш за птиците като домашни любимци?
7. Какъв е най-интересният домашен любимец, който си имал/а?

8. Какво мислиш за това да се грижиш за животно, което не е домашен любимец, като например да храниш куче на улицата?
9. Дали вярваш, че домашните животни имат терапевтичен ефект върху нас?
10. Дали вярваш, че домашните любимци имат свой индивидуален характер и личност?
11. Дали си отглеждал/а домашен любимец като дете?
12. Какъв вид животно би искал/а да имаш като домашен любимец?
13. Колко време отделяш на ден за грижи за домашния си любимец?
14. Дали си отглеждал/а куче и котка заедно? Как беше това?
15. Какви са основните нужди на твоя домашен любимец?
16. Предпочиташ ли котки или кучета?

17. Мислиш ли, че хората трябва да имат право да притежават екзотични домашни любимци?
18. Обучавал/а ли си някога домашен любимец?
19. Отгледал/а ли си някога домашен любимец, който си взел/а от приют?
20. Мислиш ли, че всеки трябва да има право да държи домашен любимец?
21. Какви са твоите любими активности да правиш с твоя домашен любимец?
22. Какви са някои важни неща, които трябва да се имат предвид, когато се решаваш да вземеш домашен любимец?

Cars · Коли/Автомобили

1. Каква кола шофираш?
2. Имаш ли предпочитания марка автомобил?
3. Колко често използваш/а колата си?
4. Дали предпочиташ ръчна или автоматична скоростна кутия?
5. Искаш ли да купуваш нов или употребяван автомобил? Защо?
6. Какво е най-важното за теб при избора на автомобил? Защо?
7. Какъв цвят предпочиташ за автомобила си?
8. Дали ти е важен разхода на гориво при избора на автомобил?
9. Има ли някаква марка или модел автомобил, която много искаш да имаш?

10. Какво мислиш за електрическите автомобили?
11. Харесваш ли да караш бързо или предпочиташ по-спокойно шофиране?
12. Мислиш ли, че автомобилите трябва да са по-екологични?
13. Има ли някакъв вид транспорт, който предпочиташ пред автомобилите?
14. Дали смяташ, че автомобилите са нужни за живота?
15. Колко често почистваш колата си?
16. На каква възраст мислиш, че хората трябва да имат право да шофират?
17. Как мислиш, че колите могат да бъдат направени по-безопасни?
18. Харесваш ли да пътуваш по пътищата? Какъв е най-добрият пътешествие, на което си бил/а?
19. Колко години беше, когато получи своята шофьорска книжка? Опиши своя опит.
20. Мислиш ли, че хората са твърде зависими от колите?

21. Колко често правиш поддръжка на колата си?
22. Дали предпочиташ да караш в градски условия или извън града?
23. Какво мислиш за автоматизираните системи за шофиране?
24. Какво е най-дълготрайното пътуване, на което си бил/а с автомобил?
25. Дали си имал/а някога някаква авария или проблем с автомобила си? Как си се справил/а с това?
26. Дали смяташ, че на автомобилите трябва да има по-строги правила за емисии на вредни газове?
27. Дали си карал/а някога в чужбина? Какви са разликите в управлението на автомобили в различните страни?

Transport · Транспорт

1. Пътувал/а ли си с влак в чужбина? Какво беше преживяването ти?
2. Как предпочиташ да пътуваш на дълги разстояния - с автобус, влак или самолет?
3. Харесваш ли да пътуваш с велосипед? Къде си пътувал/а с него?
4. Пътувал/а ли си някога с каравана? Как беше това?
5. Какви са някои от предимствата на пътуването с влак?
6. Каква е най-дългата разстояние, което си изминал/а пеша? Къде беше това?
7. Харесваш ли да пътуваш с кораб? Какво е най-интересното пътуване с кораб, което си правил/а?

8. Какво е твоето мнение за обществения транспорт? Използваш ли го често?
9. Какви са някои от недостатъците на пътуването с автобус?
10. Дали си пътувал/а с влак през нощта? Какво беше това?
11. Кои видове обществен транспорт ползваш най-често?
12. Какво е твоето мнение за такситата в България?
13. Бил/а си някога на круизен кораб? Как беше?
14. Имаш ли някакви опити с каршеринг или колкоезда?
15. Какво е твоето мнение за велосипедните ленти в градовете? Смяташ ли, че те са необходими?
16. Използвал/а ли си обществен транспорт в България? Как беше?
17. Харесваш ли да пътуваш със самолет?
18. Какво е най-дългото пътуване, което си правил/а със самолет?

19. Харесваш ли летища? Защо или защо не?
20. Кой е най-необичайният транспорт, който си използвал/а?
21. Мислиш ли, че общественият транспорт трябва да бъде безплатен?
22. Предпочиташ ли да пътуваш с обществен транспорт или със собствен автомобил? Защо?
23. Какво е твоето мнение за електрическите скутери и самокати като транспортно средство в градовете?
24. Какво е твоето мнение за автостопа като начин на пътуване? Дали си опитвал/а да правиш автостоп?

Astronomy & Space · Астрономия и космос

1. Разглеждал/а ли си някога звездите чрез телескоп?
2. Каква е любимата ти планета и защо?
3. Какво мислиш за пътуванията в космоса? Бихте искал/а да отидете някога?
4. Дали следиш актуалните космически мисии и открития?
5. Каква е най-голямата звезда, която си видял/а?
6. Какво знаеш за теорията на Биг Бенга?
7. Какво е твоето мнение за идеята за колонизация на Марс?
8. Каква е разликата между комета и астероид?
9. Дали си чувал/а за черните дупки? Какво знаеш за тях?

ASTRONOMY & SPACE · АСТРОНОМИЯ И КОСМОС

10. Какво мислиш за идеята за изпращане на космически кораби с извънземни послания в космоса?
11. Какво знаеш за Слънчевата система?
12. Дали си чувал/а за космическата мисия на България и какво мислиш за нея?
13. Какво е галактика?
14. Дали си гледал/а филми или сериали за космоса? Какво мислиш за тях?
15. Какво е астрономията и как се различава от астрофизиката?
16. Дали си чувал/а за космическата станция Международна космическа станция? Какво знаеш за нея?
17. Какво е астрономическият час?
18. Какъв е най-голямата космическа мисия, която си следил/а в живо?
19. Дали си посетил/а някога обсерватория?
20. Какво знаеш за тъмната материя и тъмната енергия?
21. Какво е Сатурн и как се различава от другите планети в Слънчевата система?

22. Дали си чувал/а за мисията на NASA за изпращане на хора на Марс? Какво мислиш за нея?
23. Какво е метеорит и как се различава от метеор и метеорид?
24. Вярваш ли в извънземни животни?
25. Знаеш ли някой интересен факт за космоса?
26. Дали си чувал/а за космическия телескоп "Хъбъл" и какво е неговото значение за астрономията?

Astrology ·
Астрология

1. Вярваш ли в астрологията?
2. Какъв е твоят зодиакален знак? Еруваш ли, че характеристиките му отговарят на личността ти?
3. Какво е твоето мнение за хороскопите? Четеш ли ги редовно?
4. Знаеш ли какво представлява зодиакалната константа?
5. Кой е най-големият въпрос, който имаш за вселената?
6. Дали си чувал/а за Меркуриевата ретроградност? Какво мислиш за нея?
7. Вярваш ли, че зодиакалните знаци могат да предвидят бъдещето?
8. Дали си опитвал/а да правиш хороскопи на приятелите си? Как беше това?

9. Какво мислиш за лунните фази и тяхното влияние върху нас?
10. Използваш ли хороскопи за прогнозиране на бъдещето си? Дали вярваш в тях?
11. Какво мислиш за астрологическите мачове? Вярваш ли в тяхната точност?
12. Знаеш ли какво е натална карта и дали си я гледал/а някога?
13. Какво мислиш за идеята, че позицията на планетите може да влияе върху нашите емоции и действия?
14. Вярваш ли в идеята за ретроградно движение на планетите и техните влияния?
15. Каква е твоята любима астрологическа книга или ресурс?
16. Как можем да използваме знанията от астрологията, за да подобрим живота си?
17. Вярваш ли в характеристиките на хората според техните зодии?

ASTROLOGY · АСТРОЛОГИЯ

18. Каква е твоята любима астрологическа теория?
19. Вярваш ли, че можем да променим съдбата си чрез астрологията?
20. Имал/а ли си преживяване при медиум или таро карти четец? Сбъдна ли се?

Social Media · Социална медия

1. Кои социални мрежи ползваш?
2. Колко време прекарваш на социалните мрежи всеки ден?
3. Какви са ти любимите занимания в социалните мрежи?
4. Изпитвал/а ли си нужда да се откъснеш от социалните мрежи? Ако да, защо?
5. Кои социални мрежи ползваш, за да поддържаш връзка с приятелите си?
6. Използваш ли социални мрежи за работа?
7. Кои социални мрежи използваш, за да споделяш снимки?
8. Често ли публикуваш снимки на социалните мрежи?

9. Каква е твоята политика относно публикуването на лични данни на социалните мрежи?
10. Какво мислиш за филтрите в социалните мрежи?
11. Често ли променяш профилната си снимка в социалните мрежи?
12. Кои социални мрежи използваш, за да следиш новини?
13. Какво мислиш за рекламите в социалните мрежи?
14. Какво мислиш за социалните мрежи като начин да се изразиш свободно?
15. Как можем да направим социалните мрежи по-безопасни за децата?
16. Как може да се предотврати онлайн булитинг в социалните мрежи?
17. Какви са ползите и недостатъците на социалните мрежи?
18. Как можем да намалим негативното влияние на социалните мрежи върху психическото здраве?

19. Какво мислиш, как ще изглеждат социалните медии след 5 години? След 10 години?
20. Мислиш ли, че филтрите следва да бъдат забранени в социалните мрежи? Ако да, защо?
21. Какво мислиш за това, че някои социални мрежи следят дейността на потребителите си и събират лични данни?
22. Колко важна е за теб личната ти мрежа на приятели в социалните мрежи?
23. Какво мислиш за това, че социалните мрежи се използват за манипулиране на общественото мнение?

The Future · Бъдещето

1. Къде се виждаш след 5 години?
2. Имаш ли дългосрочни планове за бъдещето?
3. Какво те мотивира да работиш към своите цели?
4. Какво е твоето мечтано работно място?
5. Как можеш да използваш миналото си опит за да постигнеш по-добри резултати в бъдеще?
6. Ако можеш да създадеш каквото и да е бъдеще, какво ще бъде това?
7. Има ли нещо, което много искаш да промениш в бъдещето?
8. Какви са твоите цели и мечти за бъдещето?
9. Какво очакваш да бъде най-голямото предизвикателство за бъдещето?

10. Предпочиташ ли да бъдеш богат/а или щастлив/а?
11. Каква роля играе България в твоето бъдеще, ако имаш такова?
12. Ако можеш да пътуваш навсякъде по света, къде би отишла/отишъл?
13. Вярваш ли, че пътуванията в космоса ще станат възможни през твоя живот?
14. Ако можеш да постигнеш едно нещо през следващите 10 години, какво би било то?
15. Смяташ ли, че е по-важно да се фокусираш върху настоящето или бъдещето?
16. Какви професионални цели имаш за бъдещето си?
17. Как можеш да направиш света по-добро място за бъдещите поколения?
18. Какви умения и знания искаш да придобиеш в бъдеще?
19. Как можеш да постигнеш баланс между личния и професионалния си живот в бъдещето?

20. Ти се чувстваш вълнуван/вълнувана или нервен/нервна за бъдещето? Защо?
21. Как можем да постигнем по-голяма равнопоставеност между половете?
22. Как си представяш света след 50 години?
23. Как можем да подобрим бъдещето на нашата планета?
24. Какво можем да направим, за да осигурим по-добро бъдеще за децата ни?
25. Как можем да гарантираме, че технологиите ще бъдат използвани за благото на човечеството в бъдеще?

Your childhood ·
Твоето детство

1. Каква беше твоята любима игра, когато беше дете?
2. Какво обичаше да правиш в свободното си време като дете?
3. Каква е най-любимата ти спомен от детството ти?
4. Каква беше твоята любима детска книга или приказка, когато беше дете?
5. Каква беше твоята любима играчка, когато беше дете?
6. Къде живееше семейството ти, когато беше дете?
7. Какъв вид училище посещаваше, когато беше дете?
8. Каква беше твоята любима занимация в училище?

9. Какъв вид спорт обичаше да играеш, когато беше дете?
10. Кой беше твоят любим герой от филми или телевизионни програми, когато беше дете?
11. Каква беше твоята любима закуска, когато беше дете?
12. Какво обичаше да правиш с баба и дядо си, когато беше дете?
13. Каква беше твоята любима коледна или празнична традиция, когато беше дете?
14. Къде обичаше да ходиш на курорти или почивки, когато беше дете?
15. Каква беше твоята любима учителка или учител/ка?
16. Какво е твоят първи спомен от детството ти? На колко години беше?
17. Спомняш ли си как научи да караш колело? Как беше?
18. Все още си приятел/ка с някой от твоите приятели от детството?
19. Харесваше ли ти да ходиш на училище? Защо или защо не?

20. Ако можеше да бъдеш дете отново, щеше ли да го направиш?
21. Каква е най-голямата промяна, която си изживял/а от дете до сега?
22. Каква беше твоята мечта, когато беше дете? Изпълни ли се?
23. Кой е човекът, който оказа най-голямо влияние върху теб, когато беше дете?
24. Каква е твоята най-странна или забавна история от детството ти?
25. Как се различаваш от детето, което беше преди години?
26. Има ли нещо, което би направил/а по-различно, ако можеше да промениш нещо в детството си?
27. Какво е най-голямото урок, който научи от родителите си, когато беше дете?
28. Каква е най-голямата трудност, която си преодолял/а през детството си?
29. Какво би казал/а на себе си, ако можеше да се върнеш във времето и да срещнеш детето си?

Wildlife & Nature ·
Дива природа и природа

1. Каква е най-вълнуващата природна среда, която си посетил/а?
2. Какво мислиш за опазването на дивата природа и как можем да помогнем?
3. Каква е твоята любима растителна вид на животни и защо?
4. Каква е най-добрата природна фотография, която си направил/а?
5. Каква е най-страшната природна среща, която си имал/а?
6. Каква е твоята любима природна забележителност в България?
7. Какво мислиш за туризма в екзотични дестинации и негативния му ефект върху околната среда?

8. Каква е най-интересната дива животинска вид на животни, която си видял/а в България?
9. Какво мислиш за лова и как той засяга дивата природа?
10. Каква е твоята любима зона за разходки в природата в България?
11. Каква е твоята любима дейност в природата и къде я предпочиташ?
12. Каква е твоята любима водопад, който си посетил/а?
13. Какво мислиш за биофарминга?
14. Каква е твоята любима природна забележителност и защо я обичаш?
15. Колко често прекарваш време в природата?
16. Има ли животни, които би искал/а да видиш на живо в дивата природа?
17. Бил/а ли си на сафари? Ако не, би ли искал/а да отидеш?

WILDLIFE & NATURE · ДИВА ПРИРОДА И ПРИРОДА

18. Какво мислиш, че е най-важното нещо, което можем да направим, за да опазим природата?
19. Харесваш ли да посещаваш планини? Какво обикновено правиш в планините?
20. Харесваш ли къмпинг? Колко често ходиш на къмпинг?
21. Какво мислиш за екотуризма и неговото значение за опазване на дивата природа?
22. Какво е твоето мнение за изкуствените природни забележителности, като големи паркове и зоологически градини?
23. Как можем да насърчим другите да станат по-осведомени за важността на опазването на природата?

Home and interior design · Дом и дизайн на интериора

1. Какъв е любимият ти стил на декорация за дома?
2. Как украсяваш дневната си стая?
3. Предпочиташ ли минималистичен или еклектичен декор?
4. Какъв е любимият ти цветови схема за дома?
5. Как включваш естествена светлина в дизайна на дома си?
6. Кой е любимият ти мебелен предмет в дома ти?
7. Предпочиташ ли отворен или затворен дизайн за дома си?
8. Какво е най-важното нещо, което търсиш в дома си?
9. Кои са твоите любими домашни аксесоари?

10. Предпочиташ ли многоцветен или едноцветен декор?
11. Използваш ли зелени растения за украса в дома си?
12. Какво е най-скъпото ти парче декорация за дома?
13. Каква е любимата ти стая в дома? Защо?
14. Има ли нещо, което би искал/а да промениш в дома си, но все още не си успял/а?
15. Какво е мнението ти за "външен вид пред функционалност"? Съгласен/съгласна ли си?
16. Предпочиташ ли да живееш в апартамент или къща? Какви са предимствата и недостатъците на всяка една?
17. Предпочиташ ли да живееш в града или на село? Защо?
18. Каква е твоята мечта за мястото, където би искал/а да живееш?

19. Спомняш ли си стаята си от детството? Каква беше?
20. Колко важно е за теб наличието на външно пространство като балкон или градина в твоя дом?
21. Какво значи думата "дом" за теб?
22. Какво най-много обичаш да правиш, когато пристигнеш у дома след дълъг ден?
23. Кое е любимото ти споменче от детското ти жилище?

Gaming & Virtual Reality · Игри и виртуална реалност

1. Каква е твоята любима видеоигра?
2. Имаш ли преносима конзола? Коя е любимата ти игра за нея?
3. Какво мислиш за виртуалната реалност и нейното бъдеще?
4. Играеш ли онлайн игри? Какво е любимата ти?
5. Предпочиташ ли сингълплейър или мултиплейър игри?
6. Играеш ли на телефона си? Каква е твоята любима игра за мобилни устройства?
7. Каква е твоята любима игра от детството?
8. Колко часа на ден играеш видеоигри?
9. Какво те привлича в една видеоигра?

10. Колко пари ще харчиш за една видеоигра?
11. Предпочиташ ли стратегически или екшън видеоигри?
12. Какво мислиш за ретро видеоигри?
13. Как виждаш, че виртуалната реалност ще промени начина, по който изживяваме забавленията в бъдеще?
14. Какви смяташ, че могат да бъдат потенциалните опасности или недостатъци от прекомерното време, прекарано във виртуална реалност?
15. По какъв начин смяташ, че виртуалната реалност може да бъде използвана за подобряване на образованието или обучението?
16. Мислиш ли, че виртуалната реалност може да замени реалните изживявания, като пътувания или общуване?
17. Какви етични аспекти трябва да бъдат взети предвид при разработването на технологии за виртуална реалност?

18. Какви нови възможности може да създаде виртуалната реалност за художници или дизайнери?
19. Мислиш ли, че виртуалната реалност ще стане по-разпространена форма на терапия или лечение на психични заболявания в бъдеще?
20. Какво мислиш за бъдещето на игрите във виртуална реалност?
21. Вярваш ли, че виртуалната реалност може да ни помогне да разберем и да съпричастим с хора, които имат различни преживявания или гледни точки от нашите?
22. Как виждаш, че виртуалната реалност ще промени начина, по който взаимодействаме помежду си, както онлайн, така и офлайн?

Bulgarian Destinations · Български дестинации

1. Има ли някое място в България, което искаш да посетиш?
2. Какви забележителности има в София?
3. Какво ти идва на ум, когато чуеш за България?
4. Какъв тип почивка предпочиташ и къде би избрал/а да я прекараш в България?
5. Каква е твоята любима част от България и защо ти харесва толкова много?
6. Какво може да се прави в София, което не можеш да правиш никъде другаде?
7. Как се различават българските градове от градовете в твоята родна страна?
8. Посетил/а ли си някой от манастирите в България? Какво мислиш за него?

9. Забелязал/а ли си разлики в кухнята в различните части на България?
10. Предпочиташ ли България през лятото или в планината?
11. Разгледал/а ли си някой от националните паркове в България? Ако да, кои?
12. Посетил/а ли си Черноморието? Къде отиде и какво ти хареса?
13. Какво би предложил/а да посети и направиш, ако трябваше да организираш едноседмично пътуване до България за приятел/ка?
14. Какви храни и напитки би препоръчал/а на твоя приятел/ка да опита по време на пътуването си в България?
15. Какво е най-доброто време от годината, за да се посети България?
16. Ти си посетил/а някакви интересни музеи или галерии в България?
17. По твое мнение, кой е най-красивият град в България?

18. Спомняш ли си първото си посещение в България? Какво прави и какво те изненада най-много?
19. Какви са най-добрите начини за пътуване в България - автомобил, влак, автобус или други?
20. Посетил/а ли си някои други страни в Балканския полуостров? Кои? Какво мислиш за тях?

Popular culture ·
Популярна култура

1. Какво мислиш за социалните медии и тяхната роля в нашия живот?
2. Какви технологии са в момента най-популярни и какво мислиш за тях?
3. Какво е твоето мнение за вегетарианството и веганството и защо?
4. Какво е твоето мнение за феминизма и движението за равнопоставеност на половете?
5. Какво мислиш за тенденцията към минимализма в живота?
6. Какви са най-новите модни тенденции и защо са популярни?
7. Кои блогъри и влогъри следиш в социалните медии и защо?
8. Има ли някакви тенденции в момента, които ти изглеждат безсмислени?

9. Какво мислиш за тенденцията към онлайн обучение и какви са предимствата и недостатъците му?
10. Какво мислиш за тенденцията към медитацията и какви са предимствата й за здравето?
11. Какво е твоето мнение за тенденцията към подобряване на своето ментално здраве и как можем да го направим?
12. Какво е твоето мнение за тенденцията към устойчивия начин на живот и как можем да помогнем за опазване на околната среда?
13. Какви са най-забележимите промени в популярната култура през последните 10 години?
14. Как се различават актуалните тенденции в България от тези в твоята родна страна?
15. Каква е най-лошата тенденция в момента?

16. Каква е най-добрата тенденция в момента?
17. Какво мислиш, че ще бъдат най-големите тенденции в технологиите през следващите 5 години?
18. Мислиш ли, че бързото хранене ще продължи да съществува след 10 години? Ще стане ли по-здравословно?
19. Кои тенденции от миналото би желал/а да се върнат обратно?
20. Харесваш ли да следваш тенденциите? Защо или защо не?

Just for Fun · Просто за забавление

1. Ако трябваше да избереш само една храна, която да ядеш останалите дни на живота си, каква би била тя?
2. Ако можеше да измислиш ново правило, което всички да следват, какво би било това правило?
3. Каква би била твоята суперсила, ако можеше да избираш между да можеш да летиш или да се телепортираш?
4. Ако трябваше да създадеш свой собствен филм, какво би била историята му и кой би бил главният герой?
5. Коя е най-сложната задача, която си се опитал/а да решиш?
6. Какво е най-смешното нещо, което си видял/а в интернет?

7. Каква е най-лудата или нелепа ситуация, в която си се оказал/а?
8. Какво би правил/а, ако знаеше, че утре светът ще свърши?
9. Ако можеше да създадеш нов леден изкуство, какъв би бил той?
10. Каква е твоята най-любима песен за караоке?
11. Ако трябваше да създадеш свой собствен герой от комикси, какво би било името му и какъв би бил той?
12. Коя е твоята любима дума и защо?
13. Ако можеше да бъдеш герой от любим филм или книга, кой би бил този герой и защо?
14. Коя е най-гадната храна, която си ял/а, но сега я обичаш?
15. Каква е най-голямата лъжа, която си казал/а, когато беше дете?
16. Ако можеше да бъдеш професионален/на спортист/ка в един спорт, кой би бил това спорт и защо?

17. Ако трябваше да избереш една звезда от музикалния свят, с която да правиш дует, кой би бил това и защо?
18. Ако трябваше да избереш един актьор/ка, който да те играе във филм за твоя живот, кой би бил това актьор/ка и защо?
19. Каква е най-голямата промяна, която си направил/а в живота си и защо?
20. Ако можеше да поканиш 3 любими знаменитости на вечеря, кой би бил този тройки и какво би се разговаряло на тази вечеря?
21. Ако трябваше да направиш татуировка, каква би била тя и защо?
22. Какво би направил/а, ако можеше да имаш суперсила да говориш с животни?

Thanks for reading this book. We hope you've had a great time with it and improved your Bulgarian!

As authors, we're always eager to hear what you think, so we'd love it if you could take a moment to **leave a review**. Your honest feedback helps us improve our writing and also helps other readers decide if this book is right for them. Plus, we'd just really appreciate it!

Visit us at
www.bellanovabooks.com
for more great books to continue your learning journey.

Great work! Why not improve your reading too?

Available now in all major online bookstores.

www.ingramcontent.com/pod-product-compliance
Lightning Source LLC
LaVergne TN
LVHW040153080526
838202LV00042B/3137